LE
BOUDDHISME

ET

L'APOLOGÉTIQUE CHRÉTIENNE

PAR

L'ABBÉ A. DESCHAMPS

CHANOINE HONORAIRE, MEMBRE DE LA SOCIÉTÉ ASIATIQUE

PARIS

CHARLES DOUNIOL, LIBRAIRE-ÉDITEUR

29, RUE DE TOURNON, 29.

1860

LE BOUDDHISME

ET

L'APOLOGÉTIQUE CHRÉTIENNE

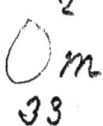

PARIS. — IMPRIMERIE DE SIMON RAÇON ET COMP., RUE D'ERFURTH, 1

LE
BOUDDHISME

ET

L'APOLOGÉTIQUE CHRÉTIENNE

PAR

L'ABBÉ A. DESCHAMPS
CHANOINE HONORAIRE, MEMBRE DE LA SOCIÉTÉ ASIATIQUE

PARIS
CHARLES DOUNIOL, LIBRAIRE-ÉDITEUR
29, RUE DE TOURNON, 29.
—
1860

LE BOUDDHISME

ET

L'APOLOGÉTIQUE CHRÉTIENNE

Die Religion des Buddha und ihre Entstehung, von C. F. Kœppen. 2 vol. in-8° (1857-1859). *Le Bouddha et sa religion*, par M. Barthélemy Saint-Hilaire. 1 vol. in-8° (1860).

Le bouddhisme couvre encore aujourd'hui de ses rameaux nombreux d'immenses nations, assises à l'ombre de la mort en attendant le jour de leur réveil marqué par la Providence; jour béni, moins éloigné peut-être que ne le pensent ceux qui voient d'un regard indifférent s'engager, dans des proportions chaque jour plus larges, la lutte solennelle entre l'esprit oriental et la civilisation de l'Occident.

Chose étonnante! malgré l'extension prodigieuse de ses idées sur plusieurs points du globe, malgré ses vingt-cinq siècles d'existence, malgré les phénomènes curieux qui le distinguent de toutes les religions du monde païen, le bouddhisme commence seulement à être connu dans ses origines et son histoire primitive, et il y a une quarantaine d'années son nom était encore un mystère aux yeux de l'Europe savante. Mais il faut admirer avec quelle rapidité, au premier contact de l'esprit d'investigation qui caractérise notre époque, il est sorti de ses profondes obscurités et de son long silence, et nous devons remercier les explorateurs habiles qui ont su découvrir le sphinx indien, et les savants philologues qui l'ont fait parler et nous ont, les premiers, expliqué ses énigmes.

Parmi les investigateurs, nommons MM. Hodgson, Csoma de Körös,

G. Turnour, J. Prinsep. Parmi les interprètes, citons, pour ne pas sortir de France, MM. Eugène Burnouf et Foucaux. M. Burnouf, par son génie philologique, par son esprit philosophique, a posé du premier coup la question du bouddhisme sur ses véritables bases, et les meilleurs indianistes ont lieu de regretter, comme M. A. Weber, de ne pouvoir soumettre leurs nouvelles découvertes à la critique souveraine du maître que la mort leur a trop tôt enlevé. A la grande lumière jetée sur les problèmes bouddhiques par ses admirables travaux est venue s'ajouter l'importante traduction du *Lalitavistâra* tibétain, due à la science de M. Foucaux, dont les habiles leçons, dans la chaire du Collége de France, entretiennent en ce moment parmi nous le feu sacré de la langue sanscrite et des études bouddhiques. Quant au livre de M. Barthélemy Saint-Hilaire, *le Bouddha et sa religion*, ouvrage d'une rare critique, en faisant connaître le bouddhisme aux gens du monde, il aura bien mérité de la saine philosophie par les excellentes vues qu'il renferme sur un système religieux capable de faire illusion aux esprits superficiels. Le savant écrivain étudie et juge le bouddhisme en philosophe spiritualiste, nous voudrions l'examiner au point de vue de l'apologétique chrétienne. Le temps est venu pour elle de soumettre à ses appréciations, de peser dans sa juste balance une religion prêchée plusieurs siècles avant Jésus-Christ, organisée politiquement, dans une grande partie de l'Inde, trois cents ans avant l'ère chrétienne, et dont les prétendues ressemblances avec le christianisme ont donné lieu aux plus fausses théories et à des comparaisons pleines de sophismes.

Ce ne sont pas seulement la vie cénobitique, le célibat, la tonsure, la confession, le culte des reliques, l'usage du chapelet, une partie de l'art et du symbolisme chrétien que l'on voudrait faire passer pour autant d'emprunts faits à la religion du Bouddha par l'Église primitive; la fausse science est allée jusqu'à placer sur le même pied la morale du bouddhisme et la morale de l'Évangile. Ce n'est pas le lieu de discuter un à un tant de systèmes construits sur des bases fragiles par l'ignorance des uns et par l'esprit antichrétien des autres; mais, à l'aide de quelques indications sommaires, nous voudrions montrer que, dans une étude approfondie du bouddhisme, l'apologétique chrétienne, loin d'avoir rien à perdre, aurait, au contraire, beaucoup à gagner, sauf à modifier au besoin quelques-uns de ses points de vue dont la justesse pourrait lui paraître moins frappante depuis l'apparition des nombreux problèmes du bouddhisme.

Pour procéder avec ordre dans cette tâche complexe et y jeter quelque lumière, nous parlerons successivement de l'incertitude des traditions bouddhiques, de l'histoire du Bouddha considérée dans ses traits les plus caractéristiques, de la fondation du bouddhisme par ses prédications et ses missions, des principales théories de sa métaphysique, de sa morale, de ses institutions, et de ses résultats dans le monde ancien et dans le monde moderne.

I

Un indianiste célèbre, que la mort vient de ravir à la science, M. Wilson, avait été conduit à penser que le fondateur du bouddhisme pourrait bien n'être qu'un personnage imaginaire; et il n'y a pas plus de six années que le savant professeur de sanscrit cherchait encore à faire prévaloir cette opinion. Nous sommes loin de songer à élever un doute sérieux sur la réalité du Bouddha; mais, dans l'état actuel de la science, il y a deux choses qui nous paraissent tout à fait impossibles. La première, c'est de fixer l'époque réelle de l'apparition du Bouddha. L'absence totale de dates positives que l'on est obligé de reconnaître dans les siècles qui séparent les commencements du bouddhisme de son triomphe politique, sous le sceptre d'un roi de l'Inde est très-imparfaitement dissimulée par la date singhalaise, qui place la mort du Bouddha en l'année 543 avant l'ère chrétienne, car cette date, pour être la plus acceptable et la plus communément adoptée par les indianistes, n'en est pas moins purement hypothétique. C'est ce que démontre, avec la plus grande clarté, M. Max Müller, dans les savantes recherches qu'il vient de consacrer à l'éclaircissement de cette importante question, et qui nous offrent le dernier mot de la science contemporaine sur ce problème [1]. Je sais bien que l'histoire d'un homme ne dépend pas d'une date. Cependant l'absence de toute chronologie dans les trois premiers siècles d'une religion ne laisse pas que de créer un véritable embarras pour l'historien de ses origines et de son fondateur. La seconde impossibilité, selon nous, c'est la reconstruction de l'histoire du grand ascète indien. Nous trouvons un premier obstacle à ce travail biographique dans les remaniements nombreux qui, à différentes époques, ont nécessairement transformé la rédaction originale des écritures bouddhiques [2] selon les points de vue divers et la crédulité plus ou moins grande des ré-

---

[1] *A History of ancien sanskrit literature.* P. 263-275.
[2] Voyez sur cette question l'excellent travail de M. J. Nève : *Le Bouddhisme, son fondateur et ses écritures*, p. 34.

dacteurs successifs et des premiers traducteurs; et je ne parle pas du peu de garantie historique offerte au biographe de Çâkyamouni même par les documents sortis des conciles les moins éloignés de l'apparition du réformateur sur la scène du monde et les plus rapprochés des renseignements oraux que ses disciples immédiats ont pu fournir aux princes protecteurs de la foi nouvelle, qui les auront transmis eux-mêmes à leurs successeurs avec leur propre histoire et celle de leur règne.

Le second obstacle se rencontre dans la méthode même que la critique est obligée de suivre dans un pareil travail. En effet, cette méthode, la seule praticable, dont M. Barthélemy Saint-Hilaire s'est servi d'ailleurs avec un tact exquis, consistant à faire, dans la littérature canonique du bouddhisme, la part du vraisemblable et la part du fantastique et du merveilleux, — si sagement employée qu'elle soit, peut-elle conduire l'historien du Bouddha à un résultat infaillible? Évidemment non. Entre le possible et le réel, il y aura toujours une essentielle différence au point de vue de la certitude historique, par la raison bien simple que, si

Le vrai peut quelquefois n'être pas vraisemblable,

de son côté, le vraisemblable peut aussi quelquefois ne pas être vrai. En conséquence, écrivez la vie du Bouddha en la dégageant de tout son attirail mythologique, de toutes les broderies légendaires où semble se jouer l'esprit indien; écrivez une vie de Çâkyamouni aussi plausible, aussi vraisemblable, aussi dramatique, aussi intéressante que celle dont M. Barthélemy Saint-Hilaire nous offre le beau modèle dans le premier chapitre de son livre, qu'aurez-vous fait? une œuvre de judicieuse critique, un recueil de récits merveilleusement groupés, présentant dans leur ensemble un tout harmonieux dont les détails sont vraisemblables jusque dans leurs aspects les plus pompeux, les plus saisissants; mais ce ne sera toujours là qu'une histoire problématique. Inutile de développer ces considérations; il suffit de les avoir indiquées pour montrer que, dans l'état présent de la science, les origines du bouddhisme sont loin d'être, comme le dit, à notre grand étonnement, M. Barthélemy Saint-Hilaire, plus sûrement connues que celles du christianisme[1]. Passons maintenant, sans trop de scepticisme, mais aussi sans trop de crédulité, aux principaux épisodes de la vie supposée de Çâkyamouni. Contemplons cette noble et touchante figure d'un philosophe dont la grandeur morale ne s'est jamais démentie un instant, et qui laisse bien loin derrière lui tous

[1] Introduction, p. VIII.

les fondateurs qui l'ont précédé ou suivi dans la folle et ingrate tentative d'imposer à l'homme un système religieux sorti de l'illusion ou de l'orgueil d'un homme.

On a beau regretter de ne pas les voir revêtues d'un cachet historique, on aime à lire ces légendes où nous apparaît un législateur d'un genre si nouveau dans le monde ancien, un philosophe qui préconise, il est vrai, une pauvre théorie, mais dont la vie du moins offre le modèle achevé des vertus qu'il prêche. On admire la force étonnante de sa conviction religieuse, quand on le voit abandonner à vingt-neuf ans une cour débauchée comme toutes les cours indiennes, s'arracher aux séductions du harem, quitter sa jeune femme et son fils pour revêtir la robe jaune des mendiants et préparer sa doctrine par six années de solitude, de silence, de méditation, d'austérités sans fin, de jeûnes accablants, à peine suspendus, de temps en temps, par le lait et le riz que lui apportent, dans sa retraite, les jeunes filles du voisinage, devenues quêteuses et mendiantes elles-mêmes pour nourrir des aumônes qu'elles ont recueillies le doux solitaire d'Ourouvilva.

II

Le futur contempteur des castes était fils et héritier présomptif d'un roi de l'Inde orientale. L'homme des hautes pensées qui devait donner son nom à une immense révolution sociale et religieuse se révèle déjà dans son enfance réfléchie, rêveuse, méditative. Parmi les épisodes les plus frappants qui caractérisent la première phase de sa vie, il faut placer son mariage, dont toutes les circonstances semblent annoncer le rôle futur du jeune prince. Voyez-le, par exemple, choisir son épouse. « Le jeune homme, dit le *Lalitavistâra*, ne regarde pas à la famille; il ne regarde pas à la race; le jeune homme regarde seulement aux qualités. Les qualités vraies et la moralité, voilà ce qui plaît à son cœur. » Un tel choix aujourd'hui serait une protestation indirecte contre les mariages où la dot est la première chose recherchée; mais, de la part du noble fils des Çâkyas, c'est déjà une protestation évidente contre le régime des castes. La jeune Gopâ, sa femme, est, elle aussi, de la race guerrière, elle est une Kshattriya; mais qu'importe sa royale famille, le jeune prince n'était-il pas prêt à épouser aussi bien la fille d'un Çoûdra, si la classe méprisée des Çoûdras lui avait offert la perle qu'il avait demandée? Il n'y a pas jusqu'à la jeune Gopâ elle-même qui, par une merveilleuse similitude de tendances réformatrices, ne proteste de son côté contre des usages sans valeur à ses yeux. Elle ne consent pas à se voiler le visage dans le palais de son beau-père, et elle motive ainsi son refus : « Les gens respectables, dit la jeune princesse, quoique voilés, sont toujours beaux. L'épouse fidèle qui maîtrise ses pensées et dompte ses sens peut paraître sans voile. Les dieux connaissent ma pensée, mes mœurs, mes qualités, ma retenue et ma modestie. Pourquoi donc me voilerais-je le visage? » Évidemment, l'épouse était digne du futur réformateur. « L'union de ces deux êtres, dit la légende, fut comme le mélange de la crème et du lait. » Le vieil esprit hindou comptera un jour avec le fils des Çâkyas, il est déjà obligé de capituler avec la noble indépendance de sa jeune femme. Il est contredit dans sa fausse pudeur avant d'être combattu dans son exclusivisme odieux.

Cependant, au milieu des fêtes splendides qui se succèdent perpétuellement dans son magnifique palais, Siddhârtha (c'est le nom personnel du Bouddha) est demeuré l'homme des graves pensées. L'énigme de la vie s'était posée devant son esprit, rien ne pouvait l'empêcher d'en chercher la solution. A l'exception des écrivains inspirés, aucun philosophe, dans l'antiquité, n'avait jeté, selon nous, un regard sur les misères physiques de la vie humaine aussi profond et aussi arrêté que le fit de bonne heure le jeune prince. Comment les splendeurs qui l'environnent captiveraient-elles cette âme aux prises avec les problèmes de l'existence? Tandis que d'autres se laissent bercer aux harmonies des concerts dont son père cherche vainement à charmer sa tristesse profonde, lui, le noble fils des Çâkyas, il songe à la vieillesse, à la maladie, au déclin, à la mort; il aspire à la pauvreté, à la solitude; il envisage le cercle fatal où la transmigration entraîne incessamment les hommes, et il se demande s'il n'est pas une loi qui puisse placer l'homme en dehors de « cette douleur. »

Si les voluptés lui présentent la coupe enchanteresse, il répond avec une profonde mélancolie : « La vie d'une créature est pareille à l'éclair des cieux. Comme le torrent qui descend de la montagne, elle coule avec une irrésistible vitesse. Les ignorants roulent en ce monde, de même que tourne la roue du potier. La maladie ravit aux êtres leur lustre, et fait décliner les sens, le corps et les forces; elle amène le temps de la mort et de la transmigration. La créature la plus agréable et la plus aimée disparaît pour toujours; elle ne revient plus à nos yeux, pareille à la feuille et au fruit tombé de l'arbre dans le courant du fleuve. L'homme alors, sans compagnon, sans secours, s'en va tout seul et impuissant avec la possession du fruit de ses œuvres. »

Est-ce la voix du jeune Çâkya, est-ce celle de Job que j'entends? Assurément, il n'y a rien de plus beau et de plus élevé dans la philosophie ancienne que ces mélancoliques accents du futur prédicateur de la vanité de la vie, de l'inanité de toute chose dans un monde qui lui était apparu comme une immense illusion, parce qu'il n'en avait pas trouvé le secret divin.

Un jour, il rencontre sur sa route un homme vieux, cassé, décrépit, chauve, les muscles collés à la peau, appuyé sur un bâton, trébuchant à chaque pas, abandonné comme le bois mort dans la forêt; une autre fois, il voit un homme brûlé de la fièvre, sans compagnon, sans asile, accablé de son mal, épouvanté par la crainte de la mort; une troisième fois, il rencontre un cadavre qu'une famille emporte en poussant de grands cris et en se couvrant la tête de poussière. A la vue de ces grandes misères de l'humanité, la vieillesse, la maladie, la mort : « La créature ignorante et faible est fière de la jeunesse qui l'enivre, s'est dit le noble Siddhârtha, et elle ne voit pas la vieillesse qui l'attend. Pour moi, je m'en vais. Moi, qui suis la demeure future de la vieillesse, qu'ai-je à faire avec le plaisir et la joie? — Ah! malheur à la jeunesse que la vieillesse doit détruire; — ah! malheur à la santé que détruisent tant de maladies; — ah! malheur à la vie où l'homme reste si peu de jours! S'il n'y avait ni vieillesse, ni maladie, ni mort!... —Je songerai à accomplir la délivrance! » Enfin, un autre jour, il rencontre un bhikshou, ou mendiant, qui paraissait dans tout son extérieur calme, discipliné, tenant les yeux baissés, portant avec dignité le vase aux aumônes. « Cela est bon, se dit le jeune prince, l'entrée en religion a toujours été louée par les sages. Elle deviendra pour moi et pour les autres un fruit de vie, de bonheur et d'immortalité. »

A quelque temps de là, au milieu de la nuit, le prince échappait à la surveillance de son père et à celle de la tendre et vertueuse Gopâ. En quittant sa ville natale, Kapilavastou, il jeta sur elle un regard attendri : « Je n'y rentrerai pas, dit-il, avant d'avoir obtenu la demeure suprême, exempte de vieillesse et de mort. Quand j'y reviendrai, la ville de Kapila sera debout et non plus appesantie par le sommeil. » Le futur législateur ne devait y reparaître en effet qu'après avoir échangé son nom de famille pour le nom de Bouddha (l'Éveillé). Il coupe ses cheveux et les jette au vent, et, après avoir congédié son cocher attristé, il s'en va seul, en réfléchissant toujours au salut des créatures. Vainement cherche-t-il la science de la délivrance dans les écoles des plus sages brahmanes; ne la trouvant nulle part, il veut la demander à ses propres méditations, en domptant ses sens par d'inimaginables austérités. Enfin, un jour, après une méditation de vingt-quatre heures, il croit l'avoir obtenue, il s'imagine avoir revêtu la qualité de Bouddha parfaitement accompli : « C'est ainsi, s'écrie-t-il alors dans son enthousiasme, que je mettrai fin à cette douleur du monde. » Inconcevable illusion, étrange orgueil, immense présomption d'une âme sincère, mais aveugle et insensée ! Le Bouddha avait alors trente-six ans. Il avait fixé dans son esprit les bases de sa doctrine. Il était résolu de tout braver pour la répandre. Son arme contre ses adversaires, c'était son mépris profond de leurs privilèges et de leur puissance. Ses moyens de propagation, c'était sa seule parole, douce et persuasive. Il voulait fonder « la loi de grâce pour tous », ce sont ses paroles, par le seul secours de sa prédication. Cette sorte d'apostolat humain que le Bouddha a institué et qu'il a mis au service de ses idées mérite à plus d'un titre de fixer l'attention de l'apologétique et demande que nous nous y arrêtions un moment.

III

En montrant dans le fondateur du bouddhisme le prédicateur à côté du législateur, il y a un scrupule qui naît dans mon esprit.

On est tellement habitué à considérer uniquement l'apostolat dans ses divines grandeurs, qu'il peut paraître étrange que l'on vienne parler d'une religion humaine établie, dans l'antiquité, par la prédication publique, prêchée d'abord de ville en ville par son fondateur, prêchée plus tard, de royaume en royaume, par des missionnaires dont l'héroïque dévouement était digne d'un meilleur objet.

Tout le monde a lu la belle conférence de Notre-Dame de Paris sur la charité d'apostolat produite dans l'âme humaine par la doctrine catholique. Ces pages éloquentes, nous avons voulu les relire en étudiant les différents caractères qui distinguent la prédication bouddhique. Cette lecture, en nous rappelant la grande voix et les grandes pensées qui faisaient vibrer nos âmes à une époque de résurrection religieuse, nous a prouvé que les pages de l'illustre orateur restent toujours la démonstration victorieuse de cette grande vérité, d'ailleurs incontestable, que l'apostolat catholique est « hors de toute comparaison. »

Seulement, quand le R. P. Lacordaire, commençant la comparaison par la Chine, l'Inde, la Perse, la Grèce et Rome, nous dit : « Dans cette antiquité multiple, vaste, semée d'événements, avez-vous jamais vu la palpitation de la doctrine ? Y avez-vous rencontré l'apostolat, et un apostolat qui eût le genre humain pour but[1] ? » nous tournons nos regards vers l'Inde, et, en face du brahmanisme, qui n'avait jamais fait un pas pour aller prêcher sa doctrine, nous rencontrons le Bouddha, qui sème sa doctrine dans des âmes avides de l'entendre, et dont tout le rôle de fondateur se réduit à faire triompher ses idées d'ascétisme et de morale par la seule efficacité de ses discours pleins d'entraînement.

La prédication du Bouddha et les missions de ses disciples qui portèrent la doctrine au delà des limites de l'Inde n'infirment pas plus les caractères de grandeur divine dont l'apostolat catholique est seul environné que ne pourraient le faire la prédication et les missions des quakers ou des sectateurs de n'importe quel évangile humain; mais la fondation du bouddhisme par son apostolat de l'erreur est un phénomène religieux dont nous serions très-curieux de connaître les détails historiques et les caractères principaux. Jusqu'à nouvel ordre, voici ce que nous pouvons entrevoir. Le Bouddha prêchait devant les foules immenses qui s'attachaient à ses pas; il parlait un langage accessible à tous. Le *Lotus de la bonne loi* est semé de paraboles, ce qui nous montre le fréquent usage que savaient en faire le Bouddha et ses disciples. Si l'on en croit le *Lotus*, le Bouddha, pour enseigner la loi, usait de cent mille moyens variés, bien qu'au fond il n'y eût, disait-il lui-même, qu'un seul véhicule pour arriver au salut.

Si, de la forme de cette curieuse prédication, nous passons à ses autres caractères, nous admirons le désintéressement du prédicateur. Le fils des Çâkyas ne ressemble pas aux guerriers qui l'avaient précédé dans la lutte contre le brahmanisme. Il ne recherche pas comme eux la dignité de brahmane, pour laisser, après y être parvenu, grandir la souffrance du peuple, accrue de toutes ses espérances trompées. Les brahmanes eurent beau l'accuser d'ambition, ils lui ont rendu eux-mêmes cette justice que, « s'il avait prêché, c'était seulement pour l'amour de l'humanité, » et que, « s'il avait pris sur lui tous les péchés qui avaient été commis dans le monde, et adopté, pour l'instruction des gens exclus, une loi qui n'avait pas encore été prêchée par les brahmanes, c'était pour se rendre utile aux autres. »

Toutefois, en prenant en main la cause des petits et des pauvres, en venant prêcher en face des castes le salut pour tous, la délivrance universelle, le fortuné Nirvâna (le ciel bouddhique) ouvert au monde entier par la seule vertu, par le triomphe sur les sens, par la répression des pensées mauvaises et des coupables désirs, par la fuite du mensonge et la pureté du cœur, le fondateur du bouddhisme avait senti plus d'une fois les défiances et les craintes monter dans son

---

[1] *Conférences de Notre-Dame de Paris*, t II, p. 84-85.

âme. « Ma loi est profonde, se disait-il en lui-même; sera-t-elle comprise ? Ne m'exposera-t-elle pas aux insultes des hommes ? Je ne me laisserai point aller à ma miséricorde. » Puis, sa miséricorde l'emportant sur ses appréhensions : « Si je ne prêche pas la loi, ajoutait-il, le tiers des êtres, qui est plongé dans l'incertitude, ne la connaîtra pas. » C'est cette considération toute de pitié qui le décide irrévocablement à proclamer enfin sa doctrine sur la délivrance.

Cet appel des petits comme des grands, des pauvres comme des riches, à l'exemption définitive de la renaissance, — exemption qui constituait tout le salut de l'homme aux yeux du Bouddha, — se traduit sous toutes les formes dans ses discours et dans ses maximes. Ce caractère d'universalité distingue profondément le bouddhisme de toutes les autres religions humaines. Pourquoi n'y verrions-nous pas comme un rayonnement anticipé de l'Évangile? Le Verbe éternel, avant de s'incarner et de prêcher publiquement la Bonne-Nouvelle, n'a-t-il pas eu sa prédication intérieure dans la conscience humaine, jusque sous les plus épaisses ténèbres du monde ancien ? Les beautés du bouddhisme, quand je les rencontre, je les salue comme autant de signes avant-coureurs du christianisme, et comme les premières aurores de l'Évangile; et si ces beautés, au lieu d'aller toujours en grandissant à mesure que le vieux monde s'approche du Calvaire, décroissent et se détériorent, je me dis : La lumière a lui dans les ténèbres, mais les ténèbres ne l'ont pas comprise. D'ailleurs, comment ne pas se rappeler que la Vie a toujours été la lumière des hommes, selon la parole de saint Jean, comment ne pas penser à l'Évangile quand on entend le bouddhisme enseigner de mille manières qu'il est « difficile d'être riche et de faire son salut, » que l'on entre « avec beaucoup de peine dans la voie spirituelle quand on est deux fois né, » ou, pour parler notre langage, quand on est puissant et riche? Puis la confirmation de cette doctrine, qui devait paraître bien extraordinaire à la société brahmanique,— et nous voyons du reste qu'on la taxait de folie, — la confirmation de cette doctrine presque évangélique se retrouve dans des traits touchants comme celui-ci dont le rapport avec le denier de la veuve, le denier honoré et béni du regard de Jésus, est vraiment saisissant. C'est un pauvre qui ouvre sa main pleine de fleurs dans le vase aux aumônes que lui présente le Bouddha. Le vase se trouve rempli jusqu'aux bords. Vient un riche : il a beau jeter dans le vase dix mille boisseaux de fleurs, le vase reste vide. La légende est indienne, elle n'est pas sobre de chiffres, mais elle n'en met pas moins en relief l'estime singulière que le Bouddha fait de l'aumône du pauvre. C'est ainsi que le Libérateur relevait par des maximes et des exemples les petits et les pauvres, réagissant avec force, quoique d'une manière détournée, contre l'orgueil exclusif des brahmanes, aux yeux desquels les dons offerts au sacrificateur pesaient beaucoup plus dans la balance de la délivrance et du salut que le sacrifice lui-même.

Mais il est une légende d'une grâce touchante qui nous montre mieux encore les sympathies du bouddhisme pour les classes déshéritées et proscrites. C'est la légende de la Tschândâli. Ananda, disciple et cousin du Bouddha, rencontre auprès d'une fontaine une jeune fille de la classe des Tschândâlas. Le brahmanisme méprisait le Çoûdra, mais le Tschândâla, il l'avait en horreur. Or Ananda s'approche de la jeune fille. Il tombait de fatigue, après une longue marche; il avait soif : « Donne-moi à boire, » dit-il à la Tschândâli. Mais la jeune fille, à un tel langage, croit que cet homme ignore son origine : « Je suis, lui dit-elle, une Tschândâli ; je vous souillerais en vous donnant à boire.» Alors Ananda reprend : « Ma sœur, je ne te demande pas quelle est ta caste ou ta famille ; je te demande un peu d'eau, si tu peux m'en donner. » Le disciple étancha sa soif, et, pour récompense, dit la légende, la Tschândâla reçut de lui la vie de l'esprit.

Un autre caractère encore de la prédication du bouddhisme, c'est le grand courage que devait déployer le Bouddha et dont ses disciples ont fait preuve en mettant à profit les leçons expresses données par le maître. A défaut de renseignements historiques sur les détails de la persécution des brahmanes, ces pharisiens de l'Inde, que leur redoutable adversaire, qui les connaissait si bien, ne se faisait pas faute de stigmatiser devant le peuple en leur jetant à la face les épithètes flétrissantes d'hypocrites, de jongleurs et de charlatans, nous trouvons dans la tradition des récits curieux qui peuvent nous donner quelque idée des mille stratagèmes que les brahmanes durent emloyer, pour arrêter le triomphe et paralyser l'influence d'un homme qu'ils avaient tant de raisons de craindre.

Ainsi une légende nous les montre faisant promettre au peuple d'une petite ville vers laquelle le Bouddha s'avançait de ne pas recevoir le réformateur. Mais on avait compté sans l'audace d'une brahmine, qui, ayant escaladé les murs de la ville pendant la nuit avec une échelle, vint se jeter aux pieds du libérateur ; et, grâce à cette courageuse initiative, bientôt toute la ville oublia la promesse donnée. Mais les choses allaient sans doute quelquefois plus loin; et, si l'on en juge par les relations d'un célèbre pèlerin chinois, Hiouen-Thsang, qui voyageait dans l'Inde en l'an 630 de notre ère [1], le Bouddha aurait été souvent menacé dans sa personne et jusque dans sa vie. Il n'y a rien là d'étonnant, quand on se représente un homme qui venait prêcher publiquement, en face des castes, — sinon l'égalité humaine,

[1] Le voyage dans l'Inde de ce religieux bouddhiste nous est connu par deux ouvrages que notre illustre sinologue, M. Stanislas Julien, a traduits récemment du chinois : l'*Histoire de sa vie et de ses voyages*, et ses *Mémoires*.

l'égalité morale, qu'il avait entrevues peut-être, mais sans les comprendre, — du moins l'égalité des hommes devant la douleur, devant la vieillesse, le déclin, la mort ; devant la loi de la renaissance, et par conséquent devant la délivrance. Quoi qu'il en soit de la lutte acharnée que le Bouddha eut à soutenir contre les brahmanes, dont il aurait bien autrement encore excité les colères en attaquant de front les abus de la société dans laquelle il vivait, il y a une chose certaine, c'est que le prédicateur et le fondateur du bouddhisme mourut à l'âge de quatre-vingts ans. L'entrée du noble vieillard dans le Nirvâna, s'il nous est permis d'emprunter son langage, ne fut, comme on le voit, que le couronnement naturel d'une longue et laborieuse carrière. Se sentant atteint de défaillance, le Bouddha s'était assis sous un arbre, dans une forêt. Il y rendit le dernier soupir. Son corps fut brûlé le huitième jour. Ses disciples se partagèrent ses reliques au milieu de contestations plus que bruyantes, bien peu en harmonie avec la douceur et la charité prêchées par le maître.

Le théâtre principal de la prédication et des triomphes du Bouddha avait été le royaume de Magadha, non loin des bords du Gange. Cependant ce ne fut pas dans cette contrée, objet de ses préférences, qu'il résida le plus souvent. C'est dans le Koçala, pays dont Bénarès fait partie, que les légendes nous le montrent séjournant d'ordinaire sous les frais ombrages d'un magnifique jardin acheté pour lui au poids de l'or par un ministre du roi, qui voulut ainsi rendre hommage « à sa bienfaisance sans bornes pour les pauvres et les orphelins. » Parmi les causes de l'immense succès de la prédication du Bouddha, il en est quelques-unes qu'il ne faudrait pas oublier. C'est d'abord cette lassitude profonde où l'Inde nous apparaît à l'époque présumée du Bouddha. Rappelons-nous ensuite que la terre où est prêchée la « bonne loi » est la terre des protestations séculaires contre la hiérarchie brahmanique, contre le monopole religieux. Autant l'Inde était l'esclave patiente du despotisme politique, du despotisme social, autant elle était antipathique à cet exclusivisme des brahmanes qui faisaient du ciel comme le prolongement de la société indienne telle qu'ils l'avaient constituée. Dans une telle situation religieuse des esprits, au milieu de la lassitude générale et du mécontentement de tout ce qui n'était pas brahmane, que fallait-il pour renverser l'une des plus vieilles religions du monde ? M. Max Müller le dit fort bien, il suffisait qu'un homme courageux vînt récuser l'autorité des brahmanes, ces hommes qui se disaient les dieux de la terre, et prêcher le salut à tous, sans distinction de caste ou de famille. En présence de la prédication du bouddhisme, de ses succès prodigieux non-seulement au sein du peuple, mais aussi auprès des rois, et même de quelques brahmanes, nous avons à nous demander surtout quel était le fond de sa morale, car le Bouddha, qui n'a jamais eu la pensée d'établir un culte, n'a guère prêché autre chose, et sur quelle base il pouvait asseoir ses préceptes. Commençons par la dernière question, et voyons quelle est la métaphysique du bouddhisme.

IV

Au point de vue où nous nous sommes placé, il y a deux théories principales qu'il nous importe de connaître dans le corps de doctrines adopté par Çâkyamouni. Je veux parler de la transmigration des êtres et de la délivrance finale. Ce sont là, du reste, les deux grandes questions qui forment comme les deux pôles de la pensée hindoue. Il est nécessaire de voir si le bouddhisme, dans l'intérêt de l'humanité, qu'il a cru servir, a su jeter quelque lumière nouvelle sur les origines de l'homme et ses destinées. Or ce qui nous frappe dans la métaphysique du Bouddha, c'est que l'homme étonnant dont l'esprit actif avait tant de fois agité, au sein de la solitude et dans le silence des bois, les problèmes de l'existence, semble avoir voulu échapper à la grande question de l'origine des êtres. Dans un ancien *soutra*[1], il est dit : « C'est une chose qui n'est pas du domaine de l'intelligence que de savoir d'où viennent tous les êtres de l'univers et où ils vont; » et aujourd'hui encore les bouddhistes avouent qu'ils ne connaissent pas les origines des choses, et défendent de faire des recherches sur cette mystérieuse question. D'ailleurs, l'hésitation du grand législateur indien a, selon nous, son explication bien naturelle. D'une part, le Bouddha ne levait pas les yeux assez haut pour apercevoir le dogme de la création divine reflété dans les *Védas*, dont la connaissance devait lui être cependant familière; d'une autre part, il se trouvait en présence de la théorie de l'émanation telle que le brahmanisme, dans son orgueil et sa tendance oppressive, l'avait conçue, et où se dressait cette échelle des êtres dont les brahmanes occupaient le sommet, peu soucieux, du haut de leur trône, de donner la main, même de loin, au reste de l'humanité et de regarder comme leur semblable quiconque avait moins « d'une drachme d'essence de Brahma » dans les veines.

Alors que pouvait faire le bouddhisme ? Emprunter au brahmanisme sa théorie de l'émanation ? Mais elle était la base du régime des cas-

---

[1] On appelle *soutras* les recueils des discours dans lesquels le Bouddha développait sa doctrine.

tes. Il ne le pouvait pas, lui qui, par ses nobles instincts, et c'est là sa gloire, a toujours gravité vers le dogme de la fraternité humaine. Pour être logique, il n'avait réellement qu'un parti à prendre, c'était de se jeter dans le nihilisme. L'égalité humaine, qu'il ne pouvait pas trouver en Brahma, le créateur des quatre castes, il la trouvait, à sa façon, dans la doctrine du néant. Seulement, en échappant au système oppressif de la théorie brahmanique, en rejetant toute idée de création, en reconnaissant le vide, le néant de l'existence, sa doctrine embrassait tous les êtres dans une même confraternité de misère et les plaçait tous, sans aucune distinction possible, au même degré de valeur et de dignité. Le brahmane ne reconnaissait pour son frère que le brahmane, il méprisait le Çoûdra, il exécrait le Tschândâla. Le Bouddha, au contraire, appelait tous les êtres ses frères. En effet, dans sa doctrine, le ver de terre aussi bien que l'homme était son frère dans le néant. Nous verrons plus tard comment cette doctrine s'est traduite dans la morale du bouddhisme, que l'on a voulu cependant comparer à la morale de l'Évangile. Le Bouddha sans doute n'avait accepté le nihilisme que timidement et seulement pour se soustraire à la théorie de l'émanation ; on conçoit alors qu'il n'ait présenté ses idées sur les origines des êtres qu'avec une extrême réserve.

Quelle leçon le bouddhisme n'a-t-il pas donnée, sous ce rapport, à l'esprit humain ! Le bouddhisme, comme religion, est une protestation contre l'exclusivisme brahmanique, et voilà que sa doctrine religieuse va, dans l'erreur, plus loin encore que le brahmanisme !

Il restait au bouddhisme à expliquer la cause de la perpétuelle transmigration des êtres. Sous ce rapport, il ne diffère en rien du brahmanisme ; il trouve cette cause dans la conduite qu'on a tenue dans une existence antérieure. A ses yeux on est récompensé ou puni, dans la vie présente, selon les vertus et les vices de sa vie précédente. Tout, dans l'homme, la joie et la tristesse, la beauté et la laideur, la force et la faiblesse, la pauvreté et la richesse, la naissance et la mort, tout est le fruit de ses œuvres, dont il n'a ni connaissance ni souvenir. Mais cette théorie, comme on le voit, laisse subsister une question capitale, celle de savoir où se trouve l'origine même des renaissances; car, en remontant leur cours non interrompu, il faut bien cependant arriver à un point de départ. C'est ici que le bouddhisme est conduit à une conséquence logique qui nous montre jusqu'où peut s'égarer la raison humaine abandonnée à elle-même. Pour mieux en juger, lisons une page du catéchisme bouddhique :

« Pourquoi les êtres sont-ils soumis à la transmigration ? — Parce qu'ils sont impurs et remplis de péchés. — Pourquoi le péché est-il entré dans les êtres ? — Parce que, à l'origine du monde présent, par suite de la nourriture terrestre qu'ils ont mangée, ils sont tombés dans l'envie, l'avarice, la haine, bref, dans la souffrance et la sensualité. — Mais comment cela est-il possible, puisqu'il n'y avait pas encore en eux le commencement de ces choses, ni le penchant vers elles? — Sans doute, continuera-t-on à vous répondre, ce commencement existait en eux, et il avait sa racine dans le péché non encore effacé dont les êtres s'étaient rendus coupables dans un monde précédent. »

La déchéance dans le monde présent est l'effet et la continuation de la déchéance dans un monde précédent, et ainsi sans fin. C'est ce perpétuel changement de l'être, cet éternel cercle de la naissance et de la mort (le *sansâra*), qui est précisément le mal fondamental aux yeux du bouddhisme; c'est l'océan de l'existence avec ses quatre fleuves empoisonnés : la naissance, la vieillesse, la maladie et la mort, et sur ces fleuves, qui ne rencontrent dans leur cours ni rivage, ni port, souffle sans relâche le vent déchaîné de la douleur.

La conséquence générale de cette théorie n'échappera à personne, et l'on comprendra que les bouddhistes aient regardé l'univers, en ce sens, comme la création de ses habitants. Nous voilà loin de la cosmogonie presque biblique du Rig-Véda. Au lieu d'un monde sorti de la main créatrice d'un Dieu unique et suprême, le bouddhisme nous offre un monde « éclos par le péché, » pour parler le langage de ses livres sacrés. Évidemment le bouddhisme reflète puissamment le dogme de la déchéance originelle. Mais comme il le dénature! Le péché de l'homme avant l'homme, quel anachronisme! Dans sa pensée, c'est au péché primordial que sont dus les maladies cruelles, le déclin inévitable, la mort avec son agonie, la concupiscence effrénée, « les qualités du désir, toujours accompagnées de crainte et de misère, racines des douleurs, plus redoutables que le tranchant de l'épée ou la feuille de l'arbre vénéneux, remplies de fausseté et vides comme l'écume ou la bulle d'eau; » dans sa pensée, dis-je, c'est du péché que découle ce flot de misères et de douleurs sur l'humanité, et il explique l'apparition de l'homme par l'existence antérieure du péché, au lieu d'expliquer le péché, source de tant de maux, par l'œuvre de l'homme, dont l'innocence a précédé la faute. Encore un coup, quel anachronisme! Je le répète : le dogme de la chute primordiale est partout à fleur de terre sous le ciel de l'Inde, où les hymnes presque bibliques de certaines parties des Védas le traduisent et le proclament à leur manière; où le brahmanisme védique le transforme à sa façon et dans un dessein d'odieux égoïsme; où le bouddhisme à son tour le rencontre, mais, hélas! aveugle autant que sincère, il ne le rencontre que pour lui faire subir sa dernière, sa plus grande déformation. On a dit que le brahmanisme avait fait de l'univers comme un « vaste purgatoire; » le mot est plus vrai encore du bouddhisme, qui se montre aux yeux de l'apologétique chrétienne comme sans cesse poursuivi par la grande idée, qu'il ne comprend pas, de l'épreuve et de l'expiation ; — de l'épreuve, car le bouddhisme cherche à monter, à monter encore, par le détachement des choses qui cessent, par la souffrance et la douleur ; — de l'expiation, car il tremble toujours devant le cercle fatal des renaissances sans fin.

Nous venons de voir ce que le bouddhisme avait fait du dogme de la création et quelle est sa doctrine sur l'origine de l'existence humaine ; indiquons maintenant ses idées sur la délivrance finale, second problème qui a passionné la philosophie indienne plus encore que le premier. Mais que dire sur le Nirvâna, dans lequel se résume cette délivrance ? Comment définir la nature et la durée de cette récompense suprême, de ce ciel du bouddhisme ? Nous savons deux choses, c'est que le Nirvâna est la délivrance à laquelle le bouddhisme convie toutes les créatures, les petits et les grands, les riches et les pauvres, les ignorants et les savants, et que c'est la récompense promise à la méditation, à la mortification, au triomphe des passions, en un mot, à la vertu, telle que la comprend le bouddhisme ; passé cela, tout est ténèbres dans la question du paradis inventé par Çâkyamouni.

Les brahmanes avaient enseigné la dissolution dans l'esprit universel, ce ciel du panthéisme indien, précurseur, pour le dire en passant, de celui que nous prêche le panthéisme français du dix-neuvième siècle ; au lieu de la dissolution dans l'esprit universel, est-ce l'extinction totale dans la substance première que prêchait le Bouddha ? S'il en était ainsi, la différence entre les deux doctrines serait moins grande en réalité qu'en apparence. Elles nous ramèneraient toutes deux au détachement de la conscience personnelle et à son anéantissement aussi complet que possible. Nous avons déjà indiqué ici [1] notre opinion sur le Nirvâna bouddhique, et nous croyons toujours, avec M. Foucaux, que Çâkyamouni a bien pu laisser planer à dessein sur la récompense future cette obscurité presque complète dont parle M. Barthélemy Saint-Hilaire. Quoi qu'il en soit au juste du Nirvâna, que ce soit une immortalité plus ou moins vague, ou l'annihilation absolue, nous ne voyons pas que le Dhyâna, sa route et sa conquête préliminaire, tranche la question en faveur du dernier sens, comme le pense M. Barthélemy Saint-Hilaire. Au contraire, si le Dhyâna nous permet de conclure quelque chose sur la nature du Nirvâna, c'est qu'il est non pas un néant éternel, mais un éternel sommeil. En effet, dans la quatrième région (du monde sans forme), qui correspond au quatrième degré du Dhyâna, l'ascète qui s'est élevé jusque-là, de vertu en vertu, se trouve dans un lieu où il n'y a « ni

---

[1] *Correspondant* du 25 avril 1859, p. 634.

idées, ni absence d'idées, » et non pas dans un lieu où il n'y a plus ni idées, *ni même une idée* de l'absence d'idées, comme le dit M. Barthélemy Saint-Hilaire. Dans un langage moins subtil que celui de la philosophie hindoue, le quatrième degré du Dhyâna est une sorte d'extase, ou plutôt un engourdissement total de l'activité humaine. C'est un quiétisme grossier où l'intelligence cesse d'être active sans cesser d'exister.

Au surplus, ce qu'ajoute le judicieux écrivain est d'une profonde justesse : « Le bouddhisme, dit-il, n'a pas de Dieu. Il n'admet pas non plus de nature proprement dite; et enfin il confond l'homme avec ce qui l'entoure tout en lui prêchant la vertu. Il ne peut donc réunir l'âme humaine, qu'il ne nomme même pas, ni à Dieu qu'il ignore, ni à la nature qu'il ne connaît pas davantage. Il ne lui reste qu'un parti à prendre, c'est de l'anéantir. » Logiquement, c'est par l'anéantissement que le bouddhisme a dû résoudre le problème de la délivrance finale, mais nous restons toujours devant la question de savoir si le Bouddha, dans sa prédication, a soulevé devant ses auditeurs, pour les exciter aux austérités les plus rigoureuses, la pierre froide du tombeau creusé par sa métaphysique [1]. Quoi qu'il en soit de la doctrine personnelle du réformateur sur la vie future, elle ne saurait infirmer en rien la preuve que la philosophie, dans la démonstration de l'immortalité de l'âme, tire de la croyance universelle à ce dogme divin.

Au point de vue où nous nous plaçons, une chose résulte clairement des deux théories que nous venons d'indiquer, c'est que le bouddhisme, dans les circonstances les plus favorables à l'essor de la pensée, n'a enfanté qu'une métaphysique déplorable dont le seul résultat a été de conduire jusqu'à leurs dernières conséquences logiques la théologie et la philosophie de l'Inde, en aboutissant nonseulement à un athéisme sans Dieu, mais encore à un athéisme sans nature, à l'anéantissement total, au lieu de l'absorption dans l'âme universelle.

Grande leçon que nous donne la métaphysique d'une religion qui avait eu la prétention de sauver l'homme sans autre secours que

---

[1] Voici, à ce sujet, une remarque de l'auteur indien de l'édition du Lalita-vistâra qui se publie en ce moment à Calcutta : « Le mot *nirvâna*, dit-il, est le mot le plus important qui se trouve dans les annales de la métaphysique indienne. Chacune des quatre sectes orthodoxes dans lesquelles se divise le bouddhisme attache à ce terme un sens différent. » L'éditeur ajoute qu'il avait fait de longs extraits pour montrer comment le mot est employé tout à la fois pour désigner la matière éternelle — *primordia cæca* — le séjour de l'éternelle félicité, la délivrance de la transmigration, et le néant positif ou le nihilisme; mais que, dans l'impossibilité d'arriver à un résultat satisfaisant, il a supprimé tous les passages recueillis. *Bibliotheca indica*, n° 75, fascic. 2, p. 25.

celui de l'homme lui-même ! Grande leçon ! car, si la raison humaine, abandonnée à ses seules forces, avait eu la puissance morale de créer un système capable d'expliquer entièrement à l'homme les mystères de son origine et de sa destinée sur la terre, un système capable d'améliorer la condition de l'existence humaine et de conduire l'homme à la perfection de ses fins naturelles, ce devait être, ce semble, sous le ciel qui a vu naître le bouddhisme.

En effet, n'est-ce pas dans l'Inde que les idées métaphysiques et les idées religieuses avaient pris un tel empire sur les esprits, qu'elles avaient fini par absorber à leur profit toute l'activité intellectuelle dont la nation la plus réfléchie, la plus méditative, la plus mystique, — disons le mot, — la plus religieuse parmi les nations païennes, était capable ? Ne demandez à l'Inde ni les ambitions de la politique, ni les préoccupations de la conquête, ni la gloire de la guerre, ni le goût passionné des arts, ni l'amour enthousiaste de la littérature, car l'Inde a une sphère unique d'activité : la philosophie et la religion. Ainsi que le fait remarquer avec raison M. Max Müller, dont le travail récent a confirmé nos vues sur les tendances exclusives de l'ancien esprit indien, l'Inde a eu la plus petite place dans l'histoire politique des peuples, mais elle devait avoir la plus grande place dans l'histoire du monde païen. Les Hindous étaient un peuple de philosophes, dit le même écrivain; c'était aussi un peuple de novateurs, d'inventeurs de systèmes religieux. Au reste, nous pouvons juger un peu de l'esprit philosophique de l'Inde par le nôtre lui-même. N'est-ce pas, en effet, dans l'Inde que se trouve cette race des Aryas dont le sang coule dans nos veines et dont nous parlons, en grande partie, l'antique idiome, transformé à travers les âges par le génie grec et le génie latin, et, en dernier lieu, par le vieux génie français ?

En outre, quel champ libre pour la discussion que la terre de l'Inde ! Le brahmanisme pesait de tout son poids sur les esprits, mais seulement au dehors. Au sein des écoles savantes, la liberté de controverse était sans limites. Et puis, ainsi que nous l'avons déjà dit, n'était-ce pas vers les problèmes de l'origine du monde et de la délivrance finale que l'esprit indien était exclusivement tourné ?

Donc, et cette conclusion est du ressort de l'apologétique chrétienne, donc, en présence de la métaphysique qui vient de nous montrer sa pauvreté, nous pouvons conclure à la faiblesse de l'esprit humain isolé de tout secours étranger à lui-même, de toute assistance supérieure à ses forces; et cette faiblesse nous apparaît plus clairement encore dans le peu de fondements solides qu'une telle métaphysique offrait à la morale prêchée par le grand législateur de l'Inde.

V

Considérée dans ses points principaux et dans sa forme générale, la morale de Çâkyamouni a une supériorité immense, au point de vue pratique, sur la morale brahmanique. Cette supériorité lui vient de sa décision merveilleuse et de sa grande clarté.

Chargé, par la mission qu'il s'était donnée, de sauver le genre humain et les créatures, ou mieux encore les êtres et l'univers entier, le Bouddha, ont fait remarquer MM. Burnouf et Barthélemy Saint-Hilaire, devait prendre un langage accessible à tous, c'est-à-dire le plus simple et le plus vulgaire [1]. Or c'est ce langage que nous admirons sur les lèvres du Législateur. Pour le dire en passant, ce langage clair, dépouillé de toute démonstration inutile, allant au but du premier coup, a été un des grands griefs des brahmanes contre le Bouddha. En se servant de préférence d'un tel mode d'enseignement, le Bouddha montre bien qu'il s'inquiète peu de soulever la colère des Scribes indiens. Le réformateur aurait si bien pu harmoniser ses préceptes avec les *Védas*, en invoquant, seulement pour la forme, l'autorité de ce livre, où, selon la remarque de M. Max Müller, se reflètent toutes les ombres de l'esprit humain! Mais, si le brahmanisme se révoltait contre la manière toute rationnelle dont le Bouddha formulait la loi, le peuple indien y trouvait son avantage; car, ce qui pouvait profiter le plus à la masse des hommes, au sein de cette société ensevelie dans les ténèbres brahmaniques, c'était la connaissance des préceptes et non les spéculations plus subtiles que savantes auxquelles ils avaient jusque-là donné lieu. Le bouddhisme avait raison de dire sans autre forme : — Tu ne tueras point; — tu ne voleras point; — tu ne mentiras point; — tu seras chaste; — tu ne boiras point (de liqueurs enivrantes). Ce qui n'empêchait pas le moraliste de commenter certains points de la loi. Évidemment la chasteté, dans le bouddhisme, avait deux aspects. Aux religieux, le Bouddha imposait le célibat, dont il avait donné lui-même un solennel exemple; aux laïques, il prêchait la pureté des mœurs. Aux cinq préceptes que nous venons de voir, obligatoires pour tout le monde, s'en ajoutaient cinq autres qui regardaient particulièrement les religieux; les voici : s'abstenir de repas

---

[1] *Le Bouddha et sa Religion*, p. 79.

pris hors de saison[1]; s'abstenir de la vue des danses et des représentations théâtrales[2], etc., etc.; s'abstenir de se parer et de se mettre des parfums[3]; d'avoir un grand lit[4]; de recevoir de l'or et de l'argent. Si les cinq derniers préceptes sont encore bons à prêcher aujourd'hui, ils n'ont cependant pas l'élévation des cinq premiers, qui donnent au décalogue bouddhique une si grande ressemblance avec le décalogue mosaïque.

C'est cette élévation de la morale prêchée par le bouddhisme que nous voulions, en second lieu, signaler et admirer. Mais où le Bouddha avait-il pris ces beaux préceptes de morale qui ont, hélas! le tort immense, irrémédiable, de ne pas se couronner dans les grands commandements de l'amour de Dieu et du prochain? Le Bouddha avait-il lu quelque part une page mutilée du Pentateuque? Par le zoroastrisme, qui, sur plus d'un point de morale, se relie admirablement au mosaïsme, par l'Avesta, les échos du Sinaï, à travers onze ou douze siècles, étaient-ils arrivés jusqu'à lui, répétant en partie les sublimes entretiens de Jéhovah et de Moïse? Le temps n'est pas encore venu de rien appuyer de définitif sur la science dans cette grave question. Mais, dit M. Kœppen, s'il n'y a entre le décalogue du bouddhisme et le décalogue de la Bible aucune relation historique, et l'écrivain pense qu'il n'y en a aucune, « il s'ensuit que la raison humaine, dépourvue de toute lumière étrangère à sa propre intelligence, est arrivée ici par ses seules forces au même résultat que la raison inspirée. » Évidemment, cette conclusion ne créerait pas une grande difficulté à l'Apologétique, si elle voulait suivre l'historien du bouddhisme sur ce terrain-là. Est-ce que l'homme, fidèle aux lumières d'une raison cultivée, fidèle à la voix d'une conscience droite, n'a pas toujours eu la puissance morale de lire la loi naturelle inscrite dans son cœur, comme le dit saint Paul, avant d'avoir été gravée sur la pierre, complétée et de nouveau promulguée par l'Évangile? Si le bouddhisme a placé dans son décalogue les commandements de ne pas tuer, de ne pas mentir, de ne pas commettre d'adultère, de ne pas prendre le bien d'autrui, n'aurait-il pas bien pu, en cela, suivre simplement la dictée

---

[1] « J'observerai le précepte qui défend de manger après midi, » disait le novice bouddhiste.

[2] Le brahmanisme avait ordonné à « l'étudiant en théologie » de s'abstenir de la danse. La musique vocale et instrumentale lui était également interdite, sauf dans les cérémonies religieuses.

[3] « J'observerai le précepte qui défend d'orner son corps de fleurs, d'user de parfums et d'onguents. » Telle était la huitième observance à laquelle s'engageait le novice.

[4] Le prophète Amos avait dit : « Malheur à vous qui dormez sur des lits d'ivoire, qui vous couchez pour satisfaire votre mollesse..., et qui vous parfumez d'huiles de senteurs les plus précieuses. » — Amos, ch. iv, v. 4-6.

divine de la conscience? Tout le monde sait bien que la question culminante ici n'est pas si la raison humaine a pu, grâce à ses seules lumières naturelles, rencontrer et formuler tel ou tel grand principe de morale, ce qui est hors de doute, mais s'il est une législation antique qui présente un code dont l'ensemble soit comparable, pour la grandeur, l'harmonie, la perfection, au décalogue mosaïque. Or, avec un peu de réflexion, personne ne sera jamais tenté de comparer, considéré dans sa merveilleuse et divine économie, le décalogue du Sinaï au décalogue tronqué, découronné, j'allais dire décapité que nous offre le bouddhisme. Il y a plus, et c'est là une chose bien digne de remarque : mieux que tout le reste des religions créées par la présomption humaine, le bouddhisme montre jusqu'à quel point la conscience humaine peut s'oblitérer, s'altérer, se dégrader, tout en conservant en elle la notion plus ou moins claire et l'irrésistible besoin d'un certain nombre de grandes idées morales. Voyez-le, en effet : il ne connaît pas Dieu. Aucun être, à ses yeux, n'est supérieur à l'homme. Il ne connaît ni le précepte de l'amour de Dieu, ni le précepte de l'amour du prochain. Quelle dégradation ! quelle perversité dans la conscience bouddhique ! Et cependant, dans cette même conscience, vivent des sentiments d'humanité et des idées de justice que l'on ne saurait trop admirer, dans les limites où ils conservent leur beauté et leur pureté.

En troisième lieu, dans un système moitié philosophique, moitié religieux, qui était, avant tout, dans la pensée de son célèbre fondateur, une parole de paix apportée aux opprimés, aux parias, comme il est beau de voir poindre en quelque sorte, sous le ciel de l'Inde, la fleur de la charité fraternelle !

Quand le bouddhisme n'aurait fait qu'emprunter à la fleur divine un peu de son parfum, — lui qui n'en connaissait pas la racine éternelle, — en présentant ce parfum salutaire à la société indienne, il aurait déjà, à nos yeux, bien mérité de l'humanité, et la « bonne loi, » nous la saluerions avec bonheur comme une admirable avant-courrière de la Bonne Nouvelle. Je m'explique parfaitement que notre grand indianiste, Eugène Burnouf, n'ait point hésité, comme il l'a dit lui-même, à traduire par charité le mot sanscrit *maitrî*. Pour ma part, j'ai souvent comparé, dans ma pensée, le fondateur du bouddhisme à Channing; seulement, tandis que l'ascète indien résume toute sa religion dans la bienveillance réciproque, la compassion au malheur d'autrui, l'apôtre égaré de l'unitérianisme prêche en même temps, à sa manière, l'amour de Dieu et l'amour des hommes.

Du reste, pour se convaincre que le mot charité contenait quelque chose de grand et de puissant dans le bouddhisme, il suffit de jeter les yeux sur une des institutions bouddhiques dont ce beau mot pouvait faire la devise magnifique : la communauté, l'association religieuse sous une règle commune. Je sais bien que le Bouddha n'a pas inventé la vie ascétique. Il l'a empruntée au brahmanisme, mais en la transformant. Il y a mis le lien de la charité. Il y avait l'ascétisme individuel, aristocratique, indépendant, tel que les brahmanes le comprenaient. C'est à cet ascétisme gouverné par le privilége, que le Bouddha a substitué la vie en commun, la vie cénobitique, le cloître ouvert à tous, aux petits et aux grands, à la condition de s'y soumettre à la règle commune, d'y prendre rang chacun selon sa capacité, d'y entrer librement, comme on en sortait librement. Aux couvents d'hommes, le Bouddha ajouta des couvents de femmes, nouveau témoignage, disons-le avec M. Weber, de la bonté et de l'humanité du Bouddha; beau prélude de la réhabilitation évangélique de la femme.

C'est de cette institution du bouddhisme, institution toute de charité, et déjà belle par là même, que M. Weber voudrait faire sortir l'ordre monastique, et d'autres orientalistes ont cherché à confirmer cette opinion. Eh bien, j'invite le savant M. Weber à ouvrir le premier volume du bel ouvrage que publie en ce moment M. le comte de Montalembert, les *Moines d'Occident*, et il se rappellera les nombreux précurseurs de l'ordre monastique fournis par l'Orient. Je sais bien que ce genre de vie, « aussi ancien que le monde, » selon le mot de M. de Montalembert, n'a nulle part, avant le christianisme, jeté un aussi grand éclat que dans le bouddhisme; mais vouloir rattacher l'ordre monastique à l'institution du Bouddha comme à son principe inspirateur et à son modèle, c'est montrer combien l'on tient à faire de la religion chrétienne la servile imitatrice de la religion bouddhique. Si l'Apologétique veut répondre à de tels préjugés, elle n'a qu'à emprunter les paroles mêmes de l'illustre historien, du savant interprète de la vie monastique : « Ce genre de vie est aussi ancien que le monde, » dit avec raison M. le comte de Montalembert. Il a deux origines, une origine naturelle et une origine surnaturelle. Oui, cette vie de solitude et de privations, si contraire en apparence à tous les penchants de l'homme, elle a ses racines dans la nature humaine. Tous les hommes, à un instant donné de leur vie, ont ressenti cet attrait mystérieux et puissant vers la solitude. Tous les peuples l'ont reconnu et honoré. Toutes les religions l'ont adopté et sanctionné. Les philosophes, les moralistes du paganisme, ont glorifié à l'envi cette impulsion de la nature. Le monde oriental s'y est livré avec passion. L'Inde, depuis trois mille ans, a ses ascètes, qui poussent jusqu'au délire la science de la mortification et la pratique des châtiments volontaires. On les retrouve encore errant de par le monde ou vivant en vastes communautés dans toutes les nations qui reconnaissent la loi de Bouddha[1]. » Et, pour répondre par des faits péremptoires

[1] Les *Moines d'Occident*, par M. le comte de Montalembert, t. I, p. 41.

à ceux qui veulent assimiler le monachisme bouddhique à l'ordre monastique, tel que le christianisme l'a compris, et rabaisser le second en élevant le premier, l'apologiste peut ajouter que les cénobites du bouddhisme, quoique très-supérieurs, selon nous, aux ascètes du brahmanisme, dont ils ont su tout d'abord tempérer sagement les extravagantes mortifications, n'ont « rien produit » eux-mêmes, « rien sauvé »; et que « l'orgueil de l'erreur et la corruption de l'oisiveté les ont rendus inutiles à l'esprit humain comme à la société. » Il n'en est pas moins vrai, et ce sera le dernier mot de l'apologiste en réponse à ceux qui ont cru trouver dans l'ascétisme indien une arme contre les ascètes chrétiens, que, bien au contraire, les solitaires pénitents du brahmanisme, et principalement les religieux de Çâkyamouni, en couvrant l'Inde de leurs monastères d'hommes et de femmes, ont rendu, selon le mot de M. de Montalembert, et rendent encore, dans leurs plus abjects successeurs, « un témoignage incontesté à cet instinct profond de l'âme, que la seule religion véritable a transformé en une source intarissable de vertus et de bienfaits[1]. »

Ici ne s'arrête pas notre admiration pour les beaux côtés de la morale du bouddhisme. Puisque nous parlons de la communauté bouddhique, pourquoi ne dirions-nous pas un mot de la pratique célèbre que le fondateur y avait introduite : la confession ? Des indianistes[2] que l'on regrette de voir partager jusqu'aux vues les plus étroites sur le christianisme ont comparé la réforme bouddhique à la réforme protestante, le protestantisme du Bouddha au protestantisme de Luther; et, chose piquante, ce sont les mêmes écrivains qui ont voulu faire sortir la confession instituée par Jésus-Christ de la confession instituée par le Bouddha, et qui regardent le culte des reliques, dans le bouddhisme, comme l'origine du culte des reliques dans le christianisme. Mais passons sur cette inconséquence, qui ferait sourire si elle n'avait pour cause un lamentable parti pris de rabaisser, à propos de tout, les grandeurs divines du catholicisme. Ne dirait-on pas, en vérité, que la confession et le culte des reliques, dans le monde ancien, datent du bouddhisme ? M. Weber, cependant, sait l'histoire du paganisme grec, et il n'ignore pas que le culte des reliques y était en grand honneur. M. Weber a vu également la confession en usage dans bien des cultes différents et à des époques fort antérieures aux temps bouddhiques. La confession catholique pourrait donc trouver, comme simple aveu des fautes, des analogies ailleurs que dans l'institution du Bouddha. Au surplus, n'a-t-elle pas, ainsi considérée, ses racines directes, dans des rites célèbres observés chez les Juifs? Que

---

[1] Les *Moines d'Occident*, par M. le comte de Montalembert.
[2] MM. Max Müller et Weber.

dis-je ? le saint usage de l'aveu des fautes, considéré en lui-même, ne répond-il pas aux besoins les plus nobles et les plus impérieux de la nature humaine ? Inutile d'insister sur cette grande et élémentaire vérité. La confession bouddhique en est d'ailleurs une confirmation éclatante et nouvelle au service de l'apologétique et de la chaire catholique, loin d'être un phénomène capable de diminuer le moins du monde les caractères divins de la grande institution chrétienne qui a la double puissance de faire refleurir dans l'homme et la pureté du cœur et la paix de la conscience.

Je vais plus loin. Il me semble que l'on pourrait expliquer l'établissement de la confession bouddhique par quelques-unes des grandes raisons qui nous démontrent la convenance de la confession en général. L'un des points capitaux de la morale du Bouddha était la discipline du *moi*, et c'est ce noble but qui rapproche, d'une certaine façon, le bouddhisme du christianisme. « Réprimer ses propres pensées, ses passions, ses désirs, c'est la doctrine du Bouddha, » disent les sectateurs du grand Mouni, dans une strophe à leur usage. L'âme purifiée des désirs mauvais et des mauvaises pensées est au fond le premier précepte du bouddhisme, aux yeux duquel la « cessation du péché, » ou, pour me servir d'un autre mot de sa langue, le « bon accomplissement, » n'est que la suite de la pureté du cœur. Eh bien, c'est précisément dans ce besoin de la conscience bouddhique de réprimer le désir, de régler la pensée, et d'arriver par là à la pureté de l'âme, que se trouve une raison bien naturelle de l'institution d'une sorte de confession. Le Bouddha a placé dans la communauté fondée par lui l'institution qui pouvait le mieux répondre aux exigences de sa morale.

A cette raison s'en ajoute un autre, selon nous. Se vaincre soi-même, dompter ses désirs, refréner ses passions, c'est à quoi tend avant tout le bouddhisme, et il arrive par là à l'humilité. L'humilité bouddhique, il est facile d'en entrevoir la base étroite. Qu'est-ce que l'humilité dans un système religieux où l'homme ne peut mesurer sa petitesse à la grandeur de Dieu ? Cette humilité-là aura beau marcher les yeux baissés, le front incliné, l'extérieur recueilli, selon l'usage bouddhique, elle n'en donnera pas moins la main à l'orgueil. Mais, telle qu'elle est, reconnaissons-la et dans la vie du Bouddha et dans ses prédications. De même que Çâkyamouni ne cesse de la pratiquer, de même il ne cesse de la recommander : « Vivez, ô religieux ! dit-il, en cachant vos bonnes œuvres et en montrant vos péchés. » C'est évidemment en comptant « sur ce sentiment d'humilité, a fait observer M. Barthélemy Saint-Hilaire, que le Bouddha put instituer la confession parmi ses religieux, et même parmi les fidèles[1]. » D'accord, mais

---

[1] *Le Bouddha et sa Religion*, p. 91.

le prédicateur de l'humilité bouddhique a dû, il me semble, voir dans l'aveu des fautes un puissant moyen d'exercer et de développer dans les âmes de ses religieux le sentiment dont nous parlons. La confession pouvait être d'autant plus efficace, sous ce rapport, qu'elle avait lieu très-régulièrement pour les religieux, deux fois par mois, à la nouvelle et à la pleine lune, devant le Bouddha et l'assemblée, à haute voix. Du reste, la confession bouddhique ne fut point aussi éphémère qu'on pourrait le supposer; nous en retrouvons la trace dans les édits religieux d'un roi bouddhiste, Piyadasi, sous le règne duquel elle fut déclarée quinquennale.

Nous venons de le voir, le bouddhisme, dans sa morale, a des beautés incontestables; et nous n'avons pas parlé de la piété filiale, ni de quelques autres grands devoirs de la famille auxquels il est loin d'être demeuré étranger. C'est par là que, comme plus tard devait le faire la Grèce, l'Inde prépare la voie du Seigneur, répondant, à sa manière, à l'invitation des prophètes divins. Mais, dans ce noble travail, combien elle laisse encore de sentiers tortueux ! Nous nous rappelons la métaphysique du bouddhisme. Quel fondement peu solide pour asseoir sa morale ! Nous avons assisté à la tentative inconcevable, insensée du législateur qui fut peut-être le plus grand parmi ceux dont l'histoire religieuse du monde païen nous offre les noms illustres. Nous avons remarqué, avec M. Barthélemy Saint-Hilaire, que le bouddhisme, par une impuissance morale de remonter plus haut, ou par une perversité de raison, n'a demandé, pour comprendre et sauver l'homme, que l'homme lui-même ; il nous est facile, dans sa religion sans Dieu, d'entrevoir où sa morale pouvait seulement conduire l'homme, à savoir : à une « vertu sans devoir, » à une « charité sans amour. » M. Barthélemy Saint-Hilaire condamne sans pitié le bouddhisme, qui, « malgré des apparences parfois sérieuses, n'est à ses yeux qu'un long tissu de contradictions; » l'apologiste chrétien ne doit pas avoir ici plus de miséricorde que le philosophe spiritualiste, surtout quand il rencontre, comme dans M. Kœppen, des admirations pour le bouddhisme qui vont, dans leurs façons de s'exprimer, jusqu'à établir des parallèles presque sans restriction entre la morale du Bouddha et la morale de l'Évangile.

VI

Pour ne prendre la question que par quelques-uns de ses points capitaux, — qu'est-ce que la morale bouddhique sans l'idée du bien et sans l'idée du devoir, ou, ce qui est la même chose, sans Dieu, source éternelle de tout bien et de tout devoir ? Nous avouons, avec M. Barthélemy Saint-Hilaire, « que c'est déjà beaucoup que le bien se fasse, quel que soit d'ailleurs le motif dont l'acte s'inspire. » Mais comment le bien se fera-t-il là où manque, avec son éternelle idée, sa règle souveraine et sa suprême sanction ? Comment le bien se fera-t-il, comment la vertu sera-t-elle pratiquée dans une société constituée sur l'ignorance des grands dogmes divins qui sont seuls capables d'expliquer complétement la conscience humaine, dont les aspirations infinies, sans leur éclatante et pure lumière, resteraient comme autant d'énigmes insolubles jetées par dérision à l'humanité ? C'est le bouddhisme lui-même qui va nous répondre, et ses réponses significatives, nous les prendrons dans le domaine des faits.

Et d'abord, le Bouddha, cet homme inflexible, que les voix du harem n'avaient pu retenir dans les splendides palais de Kapilavastou, le Bouddha prêche la nécessité de résister aux passions, de se vaincre soi-même ; et son honneur, c'est de l'avoir prêchée sous le ciel brûlant de l'Inde à cette société voluptueuse que le brahmanisme avait instituée à sa guise. Eh bien, la résistance aux passions, la victoire sur soi-même, au nom de quels principes les proclame-t-il absolument nécessaires ? Évidemment il ne peut donner pour base à ses exhortations que l'égoïsme et l'intérêt. Au lieu de le démontrer longuement, prouvons-le par un exemple délicat de chaste continence et d'austère charité, où rien ne manque pour l'éloge de l'âme bouddhiste qui nous le fournit, si ce n'est la noblesse et l'élévation dans le motif de l'action.

Vâsavadatta, une courtisane célèbre par sa beauté et son opulence, se prend d'une folle mais réelle passion pour Oupagoupta. Le jeune homme, par la servante qu'elle lui a envoyée pour l'engager à se rendre auprès d'elle, lui fait répondre : « Ma sœur, il n'est pas temps pour toi de me voir. » A une seconde prière, il fait la même réponse. Or, un jour, le chaste Oupagoupta apprend le supplice épouvantable auquel la courtisane avait été condamnée pour un assassinat qu'elle avait commis. Les pieds, les mains, les oreilles et le nez coupés, elle avait dû être abandonnée en cet horrible état dans le cimetière. Alors le jeune homme se dit : « Quand son corps était couvert de belles parures et de riches ornements, le mieux était de ne pas la voir pour ceux qui aspirent à l'affranchissement et qui veulent échapper à la loi de la renaissance. Mais aujourd'hui que, mutilée par le glaive, elle a perdu son orgueil, son amour et sa joie, il est temps de la voir. »

Alors Oupagoupta se rend au cimetière avec une démarche recueillie. En le voyant s'approcher, par un reste de coquetterie, Vâsavadatta recommande à sa fidèle servante de ramasser ses membres épars et de les cacher sous un morceau de toile, puis elle dit au jeune homme : Quand mon corps était doux comme la fleur du lotus, orné de parures et de vêtements précieux, je n'ai pu te voir. Aujourd'hui, pourquoi viens-tu contempler un corps qui n'inspire que l'épouvante, et qui est souillé de sang et de boue? — Ma sœur, lui répond Oupagoupta, je ne suis pas venu naguère auprès de toi attiré par l'amour du plaisir ; mais je viens aujourd'hui pour connaître la véritable nature des misérables objets des jouissances de l'homme. Consolée par Oupagoupta, qui lui enseigne la loi, la courtisane meurt « pour renaître bientôt parmi les dieux. »

Je le répète, rien ne manquerait à ce noble exemple de continence et de charité, si le jeune bouddhiste, tout en faisant preuve d'une louable abstention, avait compris le devoir; s'il s'était abstenu par vertu, non par pur intérêt ; si, en résistant aux séductions d'une riche courtisane, il avait eu un mobile plus élevé que la crainte unique de compromettre ce qu'il avait fait jusque-là pour s'affranchir de la loi de la renaissance. Comme le dit M. Barthélemy Saint-Hilaire, le jeune Oupagoupta « n'est point moralement vertueux, tout en restant vainqueur dans cette lutte délicate contre lui-même. » C'est ainsi que le bouddhisme, en se condamnant à se passer de Dieu, à se passer, par conséquent, de l'idée du devoir, de l'idée même du bien, en ne voyant dans la vertu qu'un pont pour arriver à l'affranchissement du cercle des renaissances, a bien pu faire de fervents adeptes, mais il n'a pas fait des hommes. Pour faire des hommes, dans le véritable sens du mot, il faut autre chose que le calcul de l'égoïsme et le calcul de l'intérêt ; en d'autres termes, pour faire des hommes, il faut autre chose qu'une morale négative, il faut une morale positive. Or le bouddhisme, sur les bases de sa métaphysique négative, n'a pu poser qu'une morale négative. Mais j'abandonne la discussion sur ce vaste terrain où elle a été épuisée tant de fois et tant de fois reprise, et où elle a toujours conduit la saine philosophie à la même conclusion en faveur des conditions ontologiques de la morale, et je signale un vice particulier à la morale bouddhique, lequel est devenu, par le fait, le ver rongeur de ses meilleures idées. Ici nous nous adressons surtout à M. Kœppen, qui, au lieu de marcher sur les traces de M. Barthélemy Saint-Hilaire, dont il cite cependant le jugement sur la morale bouddhique, voudrait presque nous convertir à la foi de Çâkyamouni. Ce vice particulier, ce ver rongeur que la métaphysique du bouddhisme a introduit nécessairement dans sa morale, c'est, en toutes choses, une exagération sans limites, qui aboutit toujours au bizarre, quand elle ne conduit pas au monstrueux. Prenons quelques exemples. Voici d'abord le grand précepte de ne pas tuer, — je ne dis pas le précepte contre l'homicide ; on verra pourquoi : —

« Tu ne tueras point : न हन्यात् । » Assurément, avec ce seul précepte, le bouddhisme était appelé à exercer une salutaire action dans les sociétés barbares, et j'admets volontiers, avec M. Kœppen, qu'il a préparé la civilisation et adouci les mœurs en défendant de la manière la plus absolue l'effusion du sang; mais, parce que le précepte n'a pas été posé sur ses véritables bases, il a manqué le but en le dépassant. J'admire l'énergique précision de la formule : c'est ainsi que doit parler le législateur à des peuples toujours prêts à verser le sang d'autrui; mais, si la formule est digne d'éloge, la loi s'étend trop loin. En effet, non-seulement elle défend de tuer les hommes, elle défend aussi de tuer les bêtes, et, pour le meurtre de celles-ci, elle n'admet aucune circonstance atténuante et ne veut, dans aucun cas, l'absoudre de péché. Qu'on ait tué un animal pour obéir à l'ordre d'un maître, pour sa propre défense ou pour assouvir sa faim, peu importe, le péché est le même. Aussi le Bouddha avait-il interdit à ses disciples de porter des étoffes de soie, des souliers, des sandales, toutes choses provenant de la dépouille de bêtes tuées. Le seul sang, en un mot, que vous puissiez verser, c'est le vôtre propre, parce que, aux yeux de la loi, l'abandon volontaire de la vie contribue au salut et à la délivrance; et même ici le bouddhisme ne sait pas distinguer entre un lâche abandon de la vie et un noble sacrifice de soi-même.

On comprend très-bien, d'une part, que la théorie de l'origine des êtres, telle que le bouddhisme l'avait acceptée, l'ait conduit à frapper du même anathème le meurtre d'une mouche et le meurtre d'un homme. En effet, et nous l'avons déjà indiqué, dans cette théorie monstrueuse, l'homme peut dire à la mouche : Tu es ma sœur dans le néant.

On ne comprend pas moins, d'une autre part, que la doctrine de la transmigration ait conduit la religion bouddhique à prêcher le respect de la vie de la bête avec la même insistance qu'elle prêche le respect de la vie de l'homme : le bouddhiste n'a-t-il pas toujours à se rappeler que son maître a transmigré durant de longs siècles sous l'enveloppe des animaux les plus divers? Qui lui dit que le scorpion que vous tuez dans votre jardin n'est pas la « maison » d'une âme humaine en voie de transmigration? Nos missionnaires ont vu ce qu'il en coûte de tuer des scorpions dans son jardin en pays bouddhiste.

Notre second exemple, nous l'emprunterons à l'idée bouddhique de la charité. Si nous voulions prouver la vérité de ce mot qui nous a frappé dans le livre de M. Barthélemy Saint-Hilaire : le bouddhisme est une « charité sans amour, » ce nous serait une tâche facile. Il nous suffirait de montrer ce que peut être la charité fraternelle dans une doctrine qui commence par supprimer l'amour de Dieu, et à laquelle manque la notion de la nature morale de l'homme, comme celle de sa noble origine. Mais nous ne discutons pas une à une toutes les théories du bouddhisme. Nous jugeons seulement sa morale sur les faits et dans la pratique. Bornons-nous donc pour le moment à lui faire cette question : Quel est notre prochain ? — Notre prochain répond-il, ce sont tous les êtres sans exception et au même titre. Tous les êtres demandent de nous un égal respect, une égale déférence, un égal dévouement, une égale compassion, un égal sacrifice. Que l'homme donne sa vie pour l'homme, c'est bien; mais qu'il verse son sang jusqu'à la dernière goutte pour conserver la vie d'un être quelconque, d'un doux animal ou d'un animal féroce, ce n'est ni moins beau ni moins bien. « L'amour du prochain, dans le bouddhisme, dit, à ce propos, M. Kœppen, s'étend plus loin que dans le christianisme. » Je le crois bien. M. Kœppen est frappé comme tout le monde de cette théorie monstrueuse dont les conséquences logiques et pratiques vont à nous montrer notre prochain dans tous les êtres, quels qu'ils soient, et, chose singulière, la charité bouddhique n'en marche pas moins de pair, à ses yeux, avec la charité de l'Évangile : « On a prétendu, dit l'écrivain, qu'elles ne peuvent être comparées l'une à l'autre, et qu'elles sont différentes au fond. Je ne puis, continue-t-il, saisir cette différence fondamentale (*ich kann diesen principiellen Unterschied nicht fassen*[1]). Le Christ nous ordonne d'aimer nos ennemis, de faire du bien à ceux qui nous haïssent, nous outragent et nous persécutent : le Bouddha a fait absolument la même chose. » Nous laissons courir la plume de M. Kœppen, autrement nous l'arrêterions pour lui faire observer ce qu'il y aurait de grotesque dans le parallèle de deux commandements ainsi formulés : — Aimez tous les hommes, même ceux qui vous persécutent, vous haïssent et vous outragent; — Aimez tous les êtres, même la bête féroce qui vous dévore. Si encore l'enthousiaste admirateur de la charité bouddhique avait donné dans toute son étendue le précepte du pardon des injures et de l'amour des ennemis tel que l'a compris le Bouddha! Mais rendons cette justice à l'auteur, ce qu'il n'a pas fait pour le précepte que nous venons de dire, il va le faire pour le précepte suivant : « Le Christ, dit-il, a enseigné que la plus haute preuve d'amour, c'est de donner sa vie pour ses frères; le Bouddha ordonne de la sacrifier même pour les bêtes sauvages. » A la bonne heure. Ici du moins nous savons à quoi nous en tenir sur la justesse du parallèle. Nous allions admirer le dernier précepte du Bouddha; mais, devant sa monstrueuse extension, notre admiration se transforme en pitié, ne pouvant devenir autre chose. Évidemment, si M. Kœppen ne peut voir aucune différence essentielle entre les préceptes du Bouddha et les préceptes de l'Évangile, c'est qu'il part d'un principe qui nous est

---

[1] *Die Religion des Buddha und ihre Entstehung*. 1 vol., p 448.

étranger. Quel est ce principe? Le voici. Selon l'écrivain, il ne faut pas juger l'Orient avec les yeux de l'Occident. Pour se rendre compte de la ressemblance fondamentale de la morale du bouddhisme et de la morale de l'Évangile, il ne faut pas considérer la question « avec des yeux européens, ainsi que nous sommes habitués à le faire depuis notre enfance. » Pour juger les préceptes soit du bouddhisme, soit du christianisme, il ne faut pas s'arrêter à la surface, il faut en sonder le fond; et alors, selon l'auteur, l'exagération purement indienne des préceptes bouddhiques étant mise à part, ces préceptes nous apparaîtront dans leur identité avec les préceptes chrétiens.

Il était bon de citer les paroles mêmes de l'un des plus récents et des plus savants historiens du bouddhisme, pour montrer avec plus de clarté jusqu'où peuvent aller les méprises et l'aveuglement dans ces comparaisons entre le bouddhisme et le christianisme qui sont en vogue aujourd'hui. C'était le moyen de mieux faire voir combien il importe à l'Apologétique de venir, avec son impartiale critique, indiquer en quoi l'un et l'autre peuvent se ressembler en apparence, et en quoi ils diffèrent en réalité.

Oui, il y a des ressemblances entre la morale du bouddhisme et la morale de l'Évangile; mais ces ressemblances s'arrêtent précisément là où M. Kœppen veut les trouver, à savoir dans le fond et dans le cœur des deux doctrines, dans leurs principes fondamentaux, qui, loin d'être identiques, sont séparés par des différences essentielles. Quand il n'y aurait que les différences radicales qui existent entre la notion bouddhique et la notion évangélique du prochain, la question serait déjà tranchée. M. Kœppen nous dit de faire abstraction de l'exagération monstrueuse de la charité bouddhique, nous le voulons bien; mais pouvons-nous ne pas voir que cette exagération a les plus terribles conséquences dans la pratique? Pour ne pas sortir du domaine des faits, où nous avons voulu nous renfermer, que M. Kœppen la considère, cette exagération, se traduisant en acte dans la vie du Bouddha, qui a toujours fait marcher de front les préceptes et les exemples, et l'écrivain nous dira s'il n'y a de différence dans la question qui nous sépare que celle de notre point de vue d'enfant de l'Europe et de son point de vue de philosophe qui comprend l'Orient avec l'esprit oriental. Voulez-vous la juger à l'œuvre, cette exagération? Voulez-vous vous convaincre qu'elle est autre chose qu'une affaire de point de vue? Regardez-la dans le précepte de l'aumône, telle que le comprend le bouddhisme, qui en fait un des articles de la loi de charité. Lisez, par exemple, cette légende où le Bouddha donne son corps en pâture à une tigresse affamée qui n'avait plus la force d'allaiter ses petits.

Si vous voulez voir les résultats pratiques de la charité sans limites, sans règle, sans base réelle, sans autre motif que le motif fourni par la métaphysique du bouddhisme, des exemples de charité monstrueuse que nous offre le législateur passez à ceux que n'ont pas manqué de donner ses fervents adeptes. En style bouddhique, la charité « conduit à la maturité parfaite de l'être égoïste, » c'est-à-dire, si nous voulons parler notre langage, que la charité doit éteindre dans le cœur de l'homme tout égoïsme. Le bouddhiste prend ce précepte à la lettre, et il éteint dans son âme jusqu'à la distinction des êtres. Un homme qui donne son corps à dévorer à une tigresse affamée est, à ses yeux, aussi grand que l'est pour nous Belzunce sacrifiant sa vie aux pestiférés. C'est ainsi qu'en exagérant tout la morale bouddhique finit par tout gâter. Les plus beaux préceptes du bouddhisme sont comme ses plus belles légendes, ils rappellent le mot du poëte :

Ut turpiter atrum
Desinat in piscem mulier formosa superne.

Voyons-la encore dénaturer, en l'exagérant, une grande idée qu'elle a exprimée sous toutes les formes, et qui a été pour le bouddhisme la source d'une incurable mélancolie. Nous voulons parler de l'idée qu'il s'est faite de l'instabilité, de la vanité des choses. Certes, il est bon de ne pas jeter un regard distrait sur cette fragilité de tout ce qui est soumis ici-bas à la loi du changement, et nous rendons cette justice au grand ascète indien que, sauf les divins moralistes de la Bible, aucun esprit ne s'est plus attaché que lui, dans l'antiquité, à cette énigme de l'existence des hommes et des choses, énigme qui avait souvent troublé le génie grec lui-même. Mais il ne faut pas que le désenchantement aille jusqu'au découragement; car le découragement mine et finit par détruire l'activité dans l'homme, dont le premier devoir est d'agir et de lutter. Or c'est là l'excès où est tombé le Bouddha, qui, pour le dire en passant, donne la main, sous ce rapport, à travers les siècles, aux Werther, aux Manfred, aux Child-Harold, aux René, et à tant d'autres *mélancoliques* dont la génération qui nous précède a entendu les lamentations infinies et vu passer devant elle les mornes profils et les ombres voilées de larmes.

Ah! je sais bien qu'il ne faut pas rendre Çâkyamouni, Gœthe, Byron, Chateaubriand, seuls responsables des tristesses dont ils n'ont été, chacun à son heure, que les harmonieux échos. Ce ne sont pas des maux individuels qu'ils ont exprimés, après les avoir ressentis; ce ne sont ni des douleurs ni des amertumes personnelles qui ont fait couler leurs larmes. Ils ont pleuré sur le mal de la vie. Ils ont mêlé, souvent sans y penser, leurs larmes aux larmes de toute créature qui de siècle en siècle gémit et pleure, selon le mot de saint Paul. Où est donc, à mes yeux, le tort de toutes ces larmes de sympathie et de pitié? c'est de n'avoir eu, dans le mélancolique philosophe de l'Inde, comme dans les poëtes découragés de la France, de l'Allemagne, de l'Angleterre, aucun correctif, aucune limite; c'est de n'avoir pas eu pour s'épancher le sein de l'espérance. Tout est vanité, disait l'ascète des Gôtamides; tout est vanité, a répété la littérature moderne[1]; tout est vanité, avait dit aussi, et longtemps avant le Bouddha, un roi d'Israël, — mais avec quelle différence! Dans le cri de Salomon, il y a de la détresse : qui voudrait le nier? mais il n'y a pas de désespoir. La philosophie du moraliste inspiré est désenchantée, elle aussi, mais elle n'est pas découragée. Le cri de la Bible est un cri précurseur. Il annonce celui de l'Évangile, et je le retrouve sur les lèvres de l'auteur de l'*Imitation*, cet autre chantre de la divine mélancolie. L'*Ecclésiaste* salue de loin le mot de la philosophie évangélique : « Que sert à l'homme de gagner l'univers, s'il vient à perdre son âme? » L'*Imitation* répète le mot divin. Mais le bouddhisme, lui, n'a qu'une chose à mettre à la place de l'espérance, son scepticisme glacial. En exagérant la vanité et le néant des choses, vues à travers le prisme destructeur de la doctrine de l'anéantissement ou de l'éternel sommeil, du Nirvâna, comme les voyait le Bouddha ; en proclamant comme un axiome absolu que « tout est vide, » de cette double manière on arrive fatalement à douter non-seulement de Dieu, de l'éternelle récompense, de l'éternel châtiment, mais même de la conscience, du devoir, et l'on finit nécessairement par ne plus croire au bien, ni dans l'homme, ni dans le monde; et « il est tout simple alors, comme le dit fort bien M. Barthélemy Saint-Hilaire, qu'on prenne l'un et l'autre en aversion, et qu'on ne cherche de refuge que dans le néant. » C'est ce scepticisme qui enveloppe le bouddhisme d'un linceul moral encore plus froid et plus hideux que le linceul réel arraché, un jour, à un cadavre pourri dans son sépulcre, par les mains de Çâkyamouni, qui avait eu le triste courage d'en faire, durant quelque temps, son vêtement de prédilection.

Il est superflu de prolonger cet examen des inconcevables contradictions, des exagérations monstrueuses et des désastreuses conséquences auxquelles, en toutes choses, arrive fatalement la morale bouddhique, faute de règles et de principes capables de l'arrêter dans ses écarts, disons mieux, faute de fondements légitimes et vrais.

Nous avons touché assez de points, il nous semble, pour faire déjà comprendre que la question du bouddhisme, étudiée sous ses aspects

---

[1] « Que la vie des hommes ne soit qu'un rêve, c'est ce que plusieurs ont cru déjà. Je porte avec moi cette pensée partout. » *Werther*, lettre du 22 mai.

variés, peut offrir à l'Apologétique des preuves éclatantes, assises sur les derniers résultats de la science, de cette nécessité morale de la révélation divine, surnaturelle, évangélique, dont la philosophie séparée cherche vainement de nos jours à affranchir l'esprit humain, afin de mieux mettre en relief l'autel qu'elle dresse à son idole. Et quand même nous ne serions pas entré dans l'analyse de certaines idées de la morale bouddhique, pour en montrer les tendances subversives de toute civilisation, ne nous aurait-il pas suffi de nous renfermer dans la grande règle de critique posée par l'Évangile : Juger l'arbre à ses fruits ?

Or cet arbre dont nous parlions en commençant, cet arbre dont l'ombre funeste s'est répandue, à travers tant de siècles, sur tant de nations et qui enveloppe à l'heure qu'il est de ses branches sans cesse renaissantes peut-être un quart de l'humanité vivante, cet arbre, disons-nous, quels fruits a-t-il produits ? En voyant le chemin que le bouddhisme a fait à travers les âges et à travers le monde, l'apologiste a besoin d'adorer au fond de son âme les éternels desseins de la rédemption, et de se rappeler qu'aux yeux de Dieu mille ans sont comme un jour; mais il lui est facile, l'histoire sous les yeux, de montrer que l'influence civilisatrice du bouddhisme est en raison inverse de sa force d'expansion et de son esprit de propagande. Il a prétendu sauver le monde, il a parlé de salut, sans avoir de sauveur, et son ambition n'est pas moins orgueilleuse de nos jours que dans les siècles qui ont suivi de près sa première apparition; mais son cosmopolitisme, que l'on compare puérilement à l'universalité catholique, s'il a été sur plus d'un point du globe une ébauche de culture morale, préparant la voie à l'Évangile, n'a-t-il pas rendu impossibles, en définitive, chez tous les peuples où il s'est montré, les vrais progrès de la civilisation, dans l'ordre religieux, dans l'ordre moral ? j'ajoute : dans l'ordre politique ? En effet, le bouddhisme, qui avait protesté un instant contre un despotisme odieux, aujourd'hui n'offre-t-il pas une large base sur laquelle tous les despotismes peuvent se trouver à l'aise ? Il s'est rencontré des écrivains qui ont beaucoup vanté tout d'abord ce qu'ils ont appelé l'action bienfaisante du bouddhisme; mais, en soumettant à l'épreuve de l'histoire leurs premières conclusions, ils en ont bientôt reconnu le peu de justesse. Il en sera toujours ainsi de l'étude sérieuse du bouddhisme : peu de science y conciliera certains esprits en les égarant, beaucoup de science les en éloignera en les éclairant. C'est le renversement du mot célèbre justement dit du christianisme.

Dans un écrit récent, on nous montrait le bouddhisme comme une des menaces de l'avenir; je ne sais pas ce que Dieu réserve aux nations chrétiennes, qui pourraient bien, hélas ! voir s'envoler de leur sein la foi dont elles se rendraient indignes; mais, selon le mot de M. Barthélemy Saint-Hilaire, que de choses il nous faudrait oublier pour devenir les aveugles disciples d'une religion que le plus simple bon sens condamne ! que de degrés il nous faudrait descendre dans l'échelle des peuples et de la civilisation ! Quant à nous, ce n'est pas l'envahissement des nations vraiment chrétiennes par la religion du Bouddha qui nous apparaît comme le danger de l'avenir. Jamais les peuples évangélisés par l'Église de Jésus-Christ ne consentiront, grâce à Dieu, à descendre et à se coucher dans le tombeau creusé par le bouddhisme au sein de l'humanité. Mais l'apologiste chrétien n'en doit pas moins avoir les yeux ouverts sur les conséquences désastreuses et toujours vivantes d'un culte qui semble, en vieillissant, puiser de nouvelles forces dans de nouvelles transformations. C'est l'histoire pleine d'enseignements, ce sont les caractères variés des transformations successives de l'œuvre inaugurée par Çâkyamouni, et développée, dans la suite des âges, par les superstitions les plus grossières, qu'il importe maintenant à l'Apologétique de considérer de près.

TABLE

	Introduction.	5
I.	Incertitude des traditions bouddhiques.	7
II.	Traits caractéristisques de la vie du Bouddha.	9
III.	De la prédication et des missions du Bouddhisme.	12
IV.	Des principales théories de sa métaphysique.	17
V.	De sa morale. — De la communauté religieuse et de la confession instituées par le Bouddha.	23
VI.	Critique de la morale bouddhique. — Résultats du bouddhisme dans le monde ancien et dans le monde moderne.	29

www.ingramcontent.com/pod-product-compliance
Lightning Source LLC
Chambersburg PA
CBHW060513050426
42451CB00009B/957